CW00373322

Postman Pat
a'r tractor

Stori gan JOHN CUNLIFFE   Lluniau gan CELIA BERRIDGE

Ymgynghorwr: B.D. HARRIES, Trefnydd Iaith De Morgannwg

GWASG Y DREF WEN

Cyhoeddwyd drwy gydweithrediad
Awdurdod Addysg De Morgannwg
dan nawdd Cynllun Llyfrau Darllen
Cyd-bwyllgor Addysg Cymru.

© 1981 John Cunliffe
© lluniau 1981 Celia Berridge ac Ivor Wood
© y fersiwn Gymraeg 1984 Gwasg y Dref Wen
Cyhoeddwyd gyntaf gan André Deutsch Ltd
dan y teitl *Postman Pat's Tractor Express*.
Cyhoeddwyd gan Wasg y Dref Wen,
28 Ffordd yr Eglwys, Yr Eglwys Newydd, Caerdydd.
Argraffwyd gan Cambus Litho, East Kilbride, Yr Alban.
Cedwir pob hawlfraint.

Bob haf mae llawer o ymwelwyr yn dod i Gwm Gwyrdd ar eu gwyliau.

"Mae'n dywydd braf iddyn nhw hefyd," meddai Pat, wrth yrru ar hyd y ffordd.

ymwelwyr *visitors*
gwyliau *holidays*
tywydd *weather*

braf *fine*
gyrru *to drive*
ar hyd *along*

Aeth Pat i Swyddfa'r Post i nôl y llythyrau.

"Bore da, Mrs Goggins. Diwrnod braf!"

"Bore da, Pat," meddai Mrs Goggins. "Mae digon o lythyrau i'r ymwelwyr heddiw. Llythyr i'r Jacksons yn y Tŷ Coch. Llythyr wedi ei gofrestru i'r gwersyllwyr ar y Cae Mawr – bydd rhaid ichi gael llofnod ganddyn nhw am hwnnw. A pharsel i'r hen Mrs Dryden."

Swyddfa'r Post *Post Office*   gwersyllwyr *campers*
nôl *to fetch*   cae *field*
wedi ei gofrestru *registered*   llofnod *signature*

"Mae'n amser prysur, gyda'r holl ymwelwyr yma," meddai Pat. "Rhaid imi fynd."

"Da boch chi, Pat," meddai Mrs Goggins.

"Da boch chi!"

Cychwynnodd Pat ar ei daith.

Dosbarthodd lythyrau ar hyd y cwm.

prysur *busy*   taith *journey*
da boch chi *good-bye*   dosbarthu *to deliver*
cychwyn *to start*   cwm *valley*

Roedd gardd brydferth iawn gan y Tŷ Coch. Roedd y Jacksons wedi
mynd i ffwrdd am y dydd. Ac yn anffodus roedden nhw wedi gadael clwyd
yr ardd ar agor . . .

gardd *garden*
prydferth *beautiful*
yn anffodus *unfortunately*
clwyd *gate*
ar agor *open*

Roedd defaid yn bwyta'r glaswellt ar ochr y ffordd y tu allan i ardd y Tŷ Coch. Yna aeth un i mewn trwy'r glwyd. Roedd y glaswellt yn yr ardd yn flasus iawn! Daeth rhagor o ddefaid i mewn. Cyn hir roedd ugain o ddefaid yn yr ardd.

dafad (defaid) *sheep*   rhagor *more*
glaswellt *grass*   cyn hir *before long*
blasus *tasty*   ugain *twenty*

Bwytaodd y defaid y glaswellt. Bwytason nhw'r blodau. Bwytason nhw'r letys.

Cyn hir roedd yr ardd brydferth yn anialwch.

anialwch *wilderness*

Yna daeth Peter Fogg heibio. Ceisiodd yrru'r defaid allan o'r ardd. Ond doedd y defaid ddim eisiau mynd.

dod heibio *to come by*
ceisio *to try*

Daeth Pat â'r llythyr i'r Jacksons. Helpodd i yrru'r defaid allan o'r ardd, ond roedd yn waith anodd.

Roedd yr ardd wedi ei difetha'n llwyr.

"Dylen nhw fod wedi cau'r glwyd," meddai Pat.

"Wel, mae'n rhy hwyr nawr," meddai Peter Fogg. "Ond diolch am helpu. Hwyl nawr!"

difetha'n llwyr *to ruin completely*
dylen nhw fod *they should have*
rhy hwyr *too late*
hwyl! *cheerio!*

Yna aeth Pat i dŷ'r hen Mrs Dryden.

Agorodd hi ei pharsel yn y fan a'r lle. Catalog oedd ynddo. Roedd yn llawn o luniau o bethau i'w prynu.

"Ydych chi eisiau archebu rhywbeth?" meddai hi wrth Pat.

Edrychodd Pat trwy'r catalog.

yn y fan a'r lle *there and then*
archebu *to order*

Archebodd oriawr rifol.

"Dyna oriawr ryfedd," meddai Mrs Dryden. "Dydy hi ddim yn edrych fel oriawr i mi."

oriawr rifol *digital watch*
rhyfedd *strange*

"Oriawr dda ydy hon," meddai Pat. "Fydd dim rhaid imi ei weindio. Da boch chi nawr!"

Aeth Pat ymlaen ar ei daith.

weindio *to wind*

Roedd ganddo lythyr i George Lancaster. Felly dyna ble'r aeth e nesaf.
"Ydych chi'n mynd i weld y gwersyllwyr?" gofynnodd George.
"Ydw. Mae gen i lythyr iddyn nhw."

felly *so*
nesaf *next*

"Wnewch chi fynd ag wyau iddyn nhw?"
"Gwnaf, wrth gwrs," meddai Pat.
Aeth George i nôl yr wyau.
"Dyna wyau da," meddai Pat. "Hwyl nawr!"

wy (-au) *egg*
wrth gwrs *of course*

Aeth Pat ymlaen ar ei daith. Cyn hir gwelodd y babell yn y Cae Mawr.
"Helô! Oes 'ma bobl?" galwodd.
Ond doedd dim ateb.
Rhoddodd Pat yr wyau dan fflap y babell.

pabell *tent*
oes 'ma bobl? *is there anyone here?*
galw *to call*

"Ond alla i ddim gadael y llythyr dan y fflap," meddai Pat. "Mae'n rhaid imi gael llofnod. Tybed ydy Miss Hubbard yn gwybod ble mae'r gwersyllwyr wedi mynd?"

alla i ddim *I can't*
gadael *to leave*
tybed *I wonder*

Cerddodd Pat dros y cae i dŷ Miss Hubbard. Roedd hi i mewn. Ac roedd hi'n gwybod ble roedd y gwersyllwyr.

"Roeddwn i'n siarad â nhw y bore 'ma. Maen nhw wedi mynd am dro i weld y rhaeadr."

"Y rhaeadr? Ond mae'r rhaeadr chwe milltir i ffwrdd! Ac mae'r ffordd yn rhy arw imi yrru'r fan drosti."

"Cewch chi fynd ar y tractor," meddai Miss Hubbard.

"Ond alla i ddim gyrru tractor!"

"Peidiwch â phoeni – fe alla i," meddai Miss Hubbard.

mynd am dro *to go for a walk*
rhaeadr *waterfall*
garw *rough*
peidiwch â phoeni *don't worry*

Dringodd Pat ar gefn y tractor, ac i ffwrdd â nhw. Doedd y daith ddim yn gysurus iawn. Roedd y ffordd yn llawn o gerrig a thyllau.

dringo *to climb*
cefn *back*
cysurus *comfortable*
carreg (cerrig) *stone*
twll (tyllau) *hole*

Weithiau roedd y ffordd yn wlyb, a llithrodd y tractor i bob man.
Weithiau roedd yn rhaid iddyn nhw blygu dan ganghennau isel. Weithiau
roedd yn rhaid i Pat ddringo i lawr i agor clwyd. Ond o'r diwedd fe
ddaethon nhw at y rhaeadr.

weithiau *sometimes*   plygu *to bend*
gwlyb *wet*   cangen (canghennau) *branch*
llithro *to slide*   isel *low*
i bob man *all over the place*   o'r diwedd *at last*

Roedd y gwersyllwyr yn falch iawn i gael y llythyr. Cafodd Pat y llofnod, ac aeth yn ôl at y tractor.

Wedyn roedd yn rhaid iddyn nhw yrru'r holl ffordd yn ôl i'r Cae Mawr.

balch *glad*
wedyn *then*
yr holl ffordd *all the way*

Roedd Pat yn falch i weld ei fan unwaith eto. Ond beth oedd yn y cefn? Un o ieir George Lancaster oedd yno. Ac roedd hi wedi dodwy wy.

"Fe wnaf i fwyta'r wy yma i de," meddai Pat.

iâr (ieir) *hen*
dodwy wy *to lay an egg*

Ar ei ffordd adre, gwelodd Pat ddafad yn sownd mewn ffens. Stopiodd y fan ac aeth i ryddhau'r ddafad.

sownd *stuck*
rhyddhau *to release*

Yna gwelodd Pat Mr a Mrs Thompson yn gweithio yn y cae.

"Clywais am y defaid yng ngardd y Tŷ Coch," meddai Alf Thompson.
"Roedd Mr Jackson yn ddig iawn. Mae'n mynd i drwsio'r glwyd."

dig *angry*   trwsio *to mend*

"Gwell hwyr na hwyrach," meddai Pat. "Nos da nawr!"

gwell hwyr na hwyrach *better late than never*

"Nos da!" meddai Mr a Mrs Thompson.
"Clwc clwc," meddai'r iâr yng nghefn y fan.